CONTENIDO

Parte de la valla que separa la frontera entre México y Estados Unidos

SIN UN LUGAR ADONDE IR

EN LA FRONTERA ENTRE MÉXICO Y ESTADOS UNIDOS, MILES DE INMIGRANTES SON RETENIDOS POR LA FUERZA EN CENTROS VIGILADOS. Cruzan la frontera hacia Estados Unidos, más que nada en un intento por encontrar una vida mejor. Pero las leyes actuales de Estados Unidos consideran un delito cruzar la frontera. Las leyes estrictas y su ejecución dan lugar a que organismos tales como la Oficina de Aduanas y Protección Fronteriza y el Servicio de Inmigración y Control de Aduanas (ICE) cuenten con la autoridad para detener a los inmigrantes, en ocasiones durante meses, mientras esperan que se lleven a cabo las acciones judiciales. A partir de 2018, se separó a muchas familias y los niños quedaron apartados de sus padres.

Nadie sabe exactamente cuántas personas por día son retenidas en estos centros de detención. Pero un recuento realizado por el gobierno estimó que, hasta enero del 2020, más de cuatro mil trescientos niños habían sido separados de sus padres. Muchos denuncian condiciones precarias en los centros superpoblados. Hubo periodistas que descubrieron niños durmiendo en el piso de cemento, falta de elementos de higiene como jabón y pasta dental, y exposición a enfermedades como la varicela.

El enojo por las condiciones en las zonas de frontera y por las leyes que las permiten han originado protestas en todo el país. En junio de 2018, cuando salió a la luz la noticia de que se había separado a las familias, manifestantes salieron a las calles de Washington D.C. y de otros lugares para protestar.

Manifestantes sostienen carteles en contra de las deportaciones y del ICE.

Las denuncias sobre instalaciones poco seguras también captaron la atención de los funcionarios electos, algunos de los cuales viajaron hasta el lugar para recorrerlas.

«Lo que hemos visto hasta ahora ha sido un horror», escribió la representante estadounidense Alexandria Ocasio-Cortez después de su visita. «Es difícil [sobreestimar] la enormidad del problema».

Muchas personas y organizaciones tienen el compromiso de cambiar tanto las leyes como las conductas respecto a la inmigración en Estados Unidos. Luchan por los derechos humanos de los inmigrantes que son detenidos y esperan prevenir abusos en el futuro.

La representante Alexandria Ocasio-Cortez habla con una madre migrante cuya hija murió en custodia del ICE en 2019.

Un barco traslada inmigrantes a Ellis Island alrededor de 1910.

CAPÍTULO 1
UNA TIERRA DE SUEÑOS

DURANTE TODA LA HISTORIA DE LA HUMANIDAD, LAS PERSONAS SE HAN TRASLADADO DE UN LUGAR A OTRO PARA ENCONTRAR RECURSOS, ESCAPAR DE LOS CONFLICTOS Y EXPLORAR. A lo largo del tiempo, hubo distintas regiones del mundo que experimentaron riqueza e influencia, y las personas se han trasladado de acuerdo con esta realidad.

A los que se mudan a otros países se los denomina inmigrantes o refugiados. Los inmigrantes eligen mudarse a otro país. En muchos casos, mudarse a otro país es un intento por construir una vida mejor. La mayoría de los países tiene un proceso legal que los inmigrantes deben cumplir para obtener la ciudadanía. Pero muchos inmigrantes permanecen indocumentados, lo que significa que carecen de los documentos legales que permiten obtener la ciudadanía de un país. Los gobiernos nacionales pueden deportar a estas personas, es decir, obligarlas a abandonar el país.

Los refugiados se ven obligados a trasladarse porque le temen al peligro. Con frecuencia, este peligro al que se exponen se debe a creencias religiosas o políticas. Muchos simplemente desean escapar de su tierra natal por los altos índices de criminalidad o por gobiernos opresores. Los refugiados pueden solicitar asilo en su nuevo país. Asilo significa que un gobierno protege a las personas que escapan de su país por miedo. Pero obtener asilo es un proceso legal complejo. Y puede ser difícil para algunas personas probar que están escapando de un peligro real.

Inmigrantes esperan en fila entrar a EE. UU. por Ellis Island. Muchos fueron sometidos a revisiones médicas y legales.

Entre 1850 y 1882, San Francisco, en California, fue el puerto principal de entrada de inmigrantes de China a EE. UU.

Estados Unidos tiene una larga historia de inmigración. Muchos llegan en busca del «sueño americano», la idea de que cualquiera puede tener éxito si trabaja lo suficiente. Durante un período de cuarenta años que comenzó en 1880, más de veinte millones de inmigrantes llegaron a Estados Unidos, la mayoría desde Europa. Muchos inmigrantes de todas partes del mundo fundaron negocios, construyeron o compraron viviendas y formaron una familia. Estados Unidos también ha reubicado a miles de refugiados. Entre 1980 y 2000, Estados Unidos reubicó a más de cincuenta mil refugiados por año.

Pero los recién llegados normalmente enfrentan una realidad difícil. Los salarios bajos, las condiciones de vida precarias, el racismo y las barreras del idioma pueden hacer que la vida sea complicada. Y el gobierno de Estados Unidos ha sido muchas veces hostil con los inmigrantes. Algunas leyes, como la Ley de Exclusión de Chinos de 1882, restringía o negaba el acceso a ciertos grupos de personas, muchas veces sobre la base del racismo o el miedo a los extranjeros. Otras leyes, como la Reforma de la Inmigración Ilegal y Responsabilidad de los Inmigrantes de 1996 (IIRAIRA), le facilitaron al gobierno la deportación de personas y les dificultaron a los inmigrantes la obtención del estado migratorio legal. En distintos momentos de la historia, Estados Unidos estableció cupos para determinar quiénes pueden ingresar al país y creó severas penalidades para los inmigrantes indocumentados.

Aun así, la esperanza de una vida mejor es difícil de resistir. Más de un millón de inmigrantes llegan a Estados Unidos cada año.

> **«Como inmigrante, trabajas tres veces más y te prometen solo una parte de lo que le prometen a los demás».**
>
> Lin-Manuel Miranda,
> creador de *Hamilton*

Agentes de la Oficina de Aduanas y Protección Fronteriza reciben una solicitud para un pase de seguridad especial. Algunos pases permiten pasar rápidamente entre EE. UU. y México.

CAPÍTULO 2
UN ASUNTO NACIONAL

HASTA DOCE MILLONES DE INMIGRANTES INDOCUMENTADOS VIVEN EN ESTADOS UNIDOS. Durante años, los legisladores no se han puesto de acuerdo sobre cómo crear leyes de inmigración que traten a las personas de manera justa y les ofrezcan opciones legales a las que deseen ingresar al país. Y muchos se oponen a la idea de permitir que entren más personas. En 2016, Donald Trump fue elegido presidente después de hacer de las limitaciones a la inmigración un elemento esencial de su campaña.

Tanto la inmigración legal como la ilegal son procesos difíciles. El racismo muchas veces influye en quién obtiene ciudadanía o asilo. En los siglos XIX y XX, las leyes exigían que los inmigrantes aprobaran revisiones médicas o pruebas de lectoescritura para

PARA REFLEXIONAR

¿Cómo crees que los medios de comunicación refuerzan los estereotipos de los inmigrantes y de qué manera esos estereotipos pueden conducir al prejuicio?

ingresar al país. Estas pruebas eran una forma de discriminar a ciertos inmigrantes sin mencionar específicamente la raza o etnia. Una prueba, por ejemplo, exigía que los inmigrantes leyeran y escribieran un fragmento de la Constitución de Estados Unidos al llegar al país.

IIRAIRA aumentó considerablemente las deportaciones en la década de 1990. En 2016, más de 340 000 personas fueron expulsadas del país, más de cinco veces las expulsadas en 1995. En el año 2020, organismos como el ICE habían obtenido amplios poderes que les permitían detener y deportar a los inmigrantes indocumentados, incluso a los que habían vivido en Estados Unidos durante años.

El ICE se formó en 2003 como parte del Departamento de Seguridad Nacional de Estados Unidos. El departamento fue creado en respuesta a los ataques terroristas del 11 de septiembre de 2001.

Donald Trump habla en un acto de campaña en octubre de 2016. Trump usó muchas veces los actos de campaña para hablar en contra de la inmigración ilegal.

Como presidente, Trump trabajó para lograr la aprobación de su plan de limitar la inmigración. Intentó en varias ocasiones anular la Acción Diferida para los Llegados en la Infancia (DACA). Aprobada en 2012, la DACA otorgaba permisos de trabajo y el aplazamiento de las deportaciones a inmigrantes indocumentados que hubieran llegado a Estados Unidos de niños y que no tengan antecedentes penales. Trump también adoptó una política de tolerancia cero que trataba como delincuentes tanto a los inmigrantes indocumentados como a los que pedían asilo en la frontera entre Estados Unidos y México. Los tribunales de inmigración recargados de trabajo, las instalaciones superpobladas y los procesos legales confusos contribuyeron a la crisis.

De un total de entre dos y tres millones de trabajadores agrícolas en Estados Unidos, unos tres cuartos son inmigrantes. La mitad de ellos son indocumentados.

Las estadísticas muestran que los inmigrantes hacen un gran aporte a la economía estadounidense. Los inmigrantes representan el 17 % de la fuerza laboral, y los inmigrantes indocumentados son una parte considerable de ese número. Los inmigrantes también tienen un papel importante en el futuro crecimiento poblacional de Estados Unidos. Cuando fueron encuestados, la mayoría de los estadounidenses respondió que está a favor de la inmigración. El setenta y seis por ciento la describe como «algo bueno para el país».

«En un momento, nuestro país, nuestra constitución y nuestra democracia no reconocían a las mujeres, no reconocían a los negros . . . hemos recorrido este camino como país para alcanzar lo mejor de los ideales que lo fundaron: la justicia, la igualdad para todos».

Cristina Jiménez, cofundadora de United We Dream, una organización de inmigrantes liderada por jóvenes.

Una familia siria de refugiados en un centro en Passau, Alemania, en 2015.

CAPÍTULO 3
UNA CRISIS GLOBAL

LOS PROBLEMAS DE INMIGRACIÓN NO SON EXCLUSIVOS DE ESTADOS UNIDOS. En el siglo XXI, personas de todas partes del mundo abandonan sus hogares por distintos motivos. Huyen de la guerra, la hambruna, el racismo, la discriminación religiosa y los desastres naturales. Según las Naciones Unidas, hubo casi veintiséis millones de refugiados en 2020. Casi la mitad de ellos tiene menos de dieciocho años.

En la búsqueda de nuevos hogares, algunos refugiados se encuentran con hostilidad. El aumento de la seguridad fronteriza, las acciones militares e incluso una temporada en prisión son algunas de las medidas que toman las naciones para mantener lejos a los refugiados. Algunos países afirman que no tienen los recursos para albergarlos y alimentarlos. Los centros

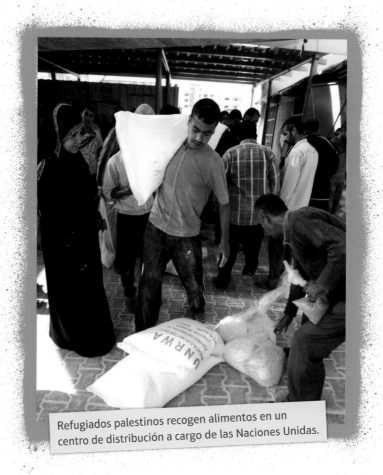

Refugiados palestinos recogen alimentos en un centro de distribución a cargo de las Naciones Unidas.

temporarios y los asentamientos pueden ser peligrosos para los que se trasladan de un lugar a otro. Muchos refugiados no gozan de los derechos humanos básicos ni de ninguna clase de representación política para mejorar su situación.

En la década del 2010, las principales zonas de origen de refugiados incluyeron Siria, Afganistán, Sudán del Sur y Myanmar. A comienzos de 2014, miles de personas huyeron de la inestabilidad, la violencia y la falta de acceso a los servicios esenciales en Venezuela. Hacia finales del 2019, más de cuatro millones de personas habían huido. Hasta marzo de 2020, más de cien mil venezolanos habían solicitado asilo en Estados Unidos.

EN RIESGO MAYOR

En tiempos de crisis, las mujeres enfrentan con frecuencia un riesgo mayor de sufrir un trato desigual, incluso perjudicial. Como refugiadas, las mujeres son sometidas con frecuencia a ataques físicos violentos. En refugios y centros de refugiados, se les niega el acceso a la atención médica o a productos para la higiene. Los activistas instan a las organizaciones humanitarias a tomar medidas para garantizar que se proteja a las mujeres en el camino a la seguridad.

Una mujer cocina en un campo de refugiados en Dunkirk, Francia.

Niños migrantes fuera de un centro de detención en Homestead, Florida. El centro con fines de lucro cerró en noviembre de 2019 en medio de acusaciones por abandono y abuso de niños.

Muchos centroamericanos huyeron de las guerrillas entre las bandas dedicadas al narcotráfico en países como El Salvador, Guatemala y Honduras. Pero la violencia generalizada en una zona no es considerada, desde el punto de vista legal, una razón para pedir asilo, lo cual deja a estas familias sin un estado migratorio legal.

Hay organizaciones en todo el mundo que se dedican a ayudar a los refugiados a reubicarse en nuevos países. Turquía es uno de los lugares de reubicación de refugiados más conocido. En 2020, albergó a más de 3,5 millones de refugiados. En Estados Unidos, el complejo proceso de selección para refugiados puede tardar hasta dos años. Entre 2016 y 2020, la cantidad de refugiados que se reubicaron anualmente en Estados Unidos cayó de casi 85 000 a aproximadamente 11 000.

La manifestación de Families Belong Together se expresó contra la política de la administración de Trump de separar a las familias en junio de 2018.

CAPÍTULO 4
UN MAÑANA MEJOR

CUANDO DAVID XOL Y SU HIJO BYRON, DE SIETE AÑOS, ABANDONARON SU GUATEMALA NATAL CON RUMBO A Estados Unidos en 2018, se embarcaron en un viaje difícil, que terminó con la captura de ambos por parte de las autoridades estadounidenses en la frontera. Debido a las políticas de tolerancia cero, Xol fue devuelto a Guatemala. Byron permaneció en un centro de detención en EE. UU. con otros niños separados de sus padres.

En enero de 2020, un juez federal dictaminó que el gobierno de Estados Unidos había evitado injustamente que algunos padres e hijos buscaran asilo. En el aeropuerto de Los Ángeles, hubo reencuentros felices para nueve familias que habían sido separadas de sus hijos. Entre lágrimas, Xol pudo abrazar a Byron, que para entonces ya tenía nueve años. «Creció mucho», dijo Xol de su hijo.

Cuando la familia Xol pudo celebrar, aún había miles de niños sin poder reunirse con sus padres. En octubre de 2020 y según los informes, se supo que no fue posible localizar a los padres de 545 niños, lo cual significa que esas familias podrían quedar separadas para siempre. La lucha por los derechos humanos de los inmigrantes continúa. Muchas organizaciones se dedican a garantizar que los niños inmigrantes vuelvan a ver a sus familias.

El reencuentro de la familia Xol en el aeropuerto internacional de Los Ángeles en enero de 2020.

JUNTOS POR JUSTICIA

El movimiento por los derechos de los inmigrantes coincide en muchos aspectos con la lucha por la justicia racial. Durante el movimiento por los derechos civiles de las décadas de 1950 y 1960, muchos activistas negros encontraron un punto en común con los inmigrantes que luchaban por la igualdad. En las décadas siguientes, muchos miembros de estos grupos se unieron a las fuerzas de un movimiento de justicia social más amplio, trabajando por causas relacionadas y exigiendo un cambio.

Manifestantes protestan contra la segregación escolar en Trenton, Nueva Jersey, en 1963.

Muchos inmigrantes hallan un hogar feliz en sus nuevos países.

Human Rights Watch, la Unión Americana de Libertades Civiles (ACLU) y United We Dream son solo algunos de los grupos dedicados a alzar la voz y ayudar a los inmigrantes. Brindan servicios legales gratuitos, educan a las comunidades, presionan a los gobiernos y organizan coberturas mediáticas en torno a sus misiones. Trabajan con la esperanza de que algún día todos los inmigrantes y refugiados tengan vidas seguras y felices.

PARA REFLEXIONAR

¿Cómo podrían los países trabajar juntos para crear una red de lugares seguros para los refugiados?

Tal vez los mejores defensores de los derechos de los inmigrantes sean los mismos inmigrantes. A los adultos jóvenes protegidos por la DACA se los conoce como soñadores. Muchos soñadores se convirtieron en activistas, alzaron la voz por sus derechos y los derechos de otros inmigrantes.

«Todos tenemos orígenes, nombres y apellidos, intereses, recorridos y objetivos distintos», expresó el beneficiario de la DACA Alonso R. Reyna Rivarola. «Sin embargo, todos tenemos al menos una cosa en común: somos todos soñadores americanos».

Un activista habla en un evento en protesta contra la intención de la administración de Trump de poner fin a la DACA en 2017.

MANOS A LA OBRA

Estas son algunas formas en las que tú y tu familia pueden ayudar a los inmigrantes y refugiados:

Escribe o llama a tus representantes locales, estatales o nacionales para expresar tus inquietudes.

Apoya a las familias migrantes de tu vecindario. Entabla amistad en la escuela con niños que recién hayan llegado al país.

Con la ayuda de un adulto, ayuda a las familias recién liberadas de algún centro de detención haciendo donaciones a las organizaciones que proveen materiales necesarios.

Infórmate más sobre las organizaciones que atienden las cuestiones relacionadas con inmigrantes y refugiados.

Amnistía de Estados Unidos: https://www.amnesty.org/es/what-we-do/

Agencia de las Naciones Unidas para los Refugiados: https://www.acnur.org/

United We Dream: https://unitedwedream.org/about/#mission

LÍNEA DE TIEMPO

1790: El Congreso aprueba la primera ley de inmigración de Estados Unidos. Las personas blancas y libres pueden solicitar la ciudadanía.

1820: La primera ola de inmigrantes europeos llega a EE. UU. desde Irlanda y Alemania.

1882: La Ley de Exclusión de Chinos prohíbe a los inmigrantes chinos ingresar a EE. UU.

1892: Abre la estación de inspección de inmigrantes de Ellis Island en el puerto de Nueva York. Más de doce millones de inmigrantes entraron a Estados Unidos por aquí antes de su cierre en 1954.

1924: La Ley de Inmigración establece cupos a las personas que pueden ingresar a EE. UU. La ley favorece a los inmigrantes del norte y oeste de Europa y prohíbe en mayor parte la inmigración de Asia y África.

1952: La Ley de Inmigración y Nacionalidad pone fin formalmente a la exclusión de los inmigrantes asiáticos.

1965: La nueva Ley de Inmigración y Nacionalidad pone fin al sistema de cupos para la inmigración.

1986: El presidente Ronald Reagan firma una ley de amnistía en favor de tres millones de inmigrantes indocumentados.

1996: El presidente Bill Clinton firma la IIRAIRA, que aumenta las penalidades para los inmigrantes indocumentados que violan las leyes estadounidenses, entre otros cambios. Las deportaciones aumentan.

2012: El presidente Obama firma la DACA, una orden ejecutiva que protege a los jóvenes indocumentados de la deportación.

2018: El presidente Trump anuncia una política de tolerancia cero, que separa a las familias que intentan ingresar ilegalmente a EE. UU.

GLOSARIO

asilo: protección proporcionada por un gobierno a alguien que ha abandonado otro país

cupo: límite referido a la cantidad de personas u objetos permitidos

defensor, ra: persona que se manifiesta por alguien o algo o ayuda a una persona o causa

deportar: obligar a una persona que no es ciudadana de un país a abandonarlo

discriminar: tratar de un modo injusto o arbitrario

hambruna: escasez generalizada de alimentos

indocumentado, da: que no posee los documentos necesarios para obtener una ciudadanía o residencia

lectoescritura: habilidad de leer y escribir

NOTAS SOBRE LAS FUENTES

6   Alison Durkee, "AOC Goes to the Border, Shares the 'Systemic Cruelty' of the Migrant Detention Centers", *Vanity Fair*, 2 de julio de 2019, https://www.vanityfair.com/news/2019/07/aoc -ocasio-cortez-congress-migrant-detention-centers.

10   Oprah Winfrey, "Oprah Talks to Lin-Manuel Miranda about Immigrant Grit", *O, The Oprah Magazine*, 6 de julio de 2018, https://www.oprahmag.com/entertainment/a22593426/oprah -lin-manuel-miranda-interview-puerto-rico.

14   Jeffrey M. Jones, "New High in U.S. Say Immigration Most Important Problem", Gallup, 21 de junio de 2019, https://news. gallup.com/poll/259103/new-high-say-immigration-important -problem.aspx.

14   Nicole Carroll, "Cristina Jiménez Moreta Helped Get DACA, Now She Helps Young Immigrants Find Their Voice", *USA Today*, 27 de agosto de 2020, https://www.usatoday.com/in-depth/life /women-of-the-century/2020/08/20/cristina-jimenez-moreta -advocates-daca-undocumented-youth-human-rights /5535786002.

20   Nomaan Merchant y Elliot Spagat, "9 Parents Separated from Families Return to Children in the US", ABC News, 23 de enero de 2020, https://abcnews.go.com/Politics/wireStory/migrant -parents-separated-kids-2018-return-us-68472318.

23   Alonso R. Reyna Rivarola, "American Dreamers", *New York Times*, consultado el 18 de diciembre de 2020, https://www. nytimes.com/interactive/projects/storywall/american -dreamers/stories/alonsor-reyna-rivarola.

LISTA DE LECTURAS DE READ WOKE

Adewumi, Tanitoluwa. *My Name Is Tani . . . and I Believe in Miracles.* Nashville: Thomas Nelson, 2020.

Britannica Kids: Inmigración
https://kids.britannica.com/kids/article/immigration/399508

Britannica Kids: Refugiados
https://kids.britannica.com/kids/article/refugee/390620

Guerrero, Diane y Erica Moroz. *My Family Divided: One Girl's Journey of Home, Loss, and Hope.* Nueva York: Henry Holt, 2018.

Kids Discover: Inmigración
https://www.kidsdiscover.com/shop/issues/immigration-for-kids

Krull, Kathleen. *American Immigration: Our History, Our Stories.* Nueva York: HarperCollins, 2020.

National Geographic Kids: Países
https://kids.nationalgeographic.com/explore/countries

Shmuel, Naomi. *Too Far from Home.* Mineápolis: Kar-Ben Publishing, 2020.

ÍNDICE

AGRADECIMIENTOS POR LAS FOTOGRAFÍAS

Créditos de las imágenes: Chess Ocampo/Shutterstock.com, p. 4; AP Photo/Mary Altaffer, p. 5; AP Photo/Tom Williams/CQ Roll Call, p. 6; Bain News Service a través de la Biblioteca del Congreso, p. 7; Everett Collection/Shutterstock.com, p. 8; CPA Media Pte Ltd/Alamy Stock Photo, p. 9; Rebekah Zemansky/Shutterstock.com, p. 11; © Servicio de Inmigración y Control de Aduanas de EE. UU., p. 12; Matt Smith Photographer/Shutterstock.com, p. 13; Andy Alfaro/The Modesto Bee/TNS/Alamy Live News, p. 14; Jazzmany/Shutterstock.com, p. 15; AP Photo/Hatem Moussa, p. 16; Anjo Kan/Shutterstock.com, p. 17; Storms Media Group/Alamy Stock Photo, p. 18; Rena Schild/Shutterstock.com, p. 19; AP Photo/Ringo H.W. Chiu, p. 20; AP Photo, p. 21; Zurijeta/Shutterstock.com, p. 22; Diego G Diaz/Shutterstock.com, p. 23. Fernando Decillis, retratos fotográficos de Cecily Lewis.

Elementos de diseño: Reddavebatcave/Shutterstock.com; Alexey Pushkin/Shutterstock.com; Alisara Zilch/Shutterstock.com.

Consultor de contenido: Deepinder Singh Mayell, director ejecutivo y profesor de derecho, James H. Binger Center for New Americans de la Facultad de Derecho de la Universidad de Minnesota

ediciones Lerner
Una división de Lerner Publishing Group, Inc.
241 First Avenue North
Mineápolis, MN 55401, EE. UU.

Si desea averiguar acerca de niveles de lectura y para obtener más información, favor consultar este título en www.lernerbooks.com.

Main body text set in Aptifer Sans LT Pro.
Typeface provided by Linotype AG.

Library of Congress Cataloging-in-Publication Data

Names: Smith, Elliott, 1976– author. | Lewis, Cicely, editor.
Title: Inmigración, refugiados y la lucha por una vida mejor / Elliott Smith ; Cicely Lewis, editora ejecutiva.
Other titles: Immigration, refugees, and the fight for a better life. Spanish
Description: Mineápolis, MN : ediciones Lerner, [2022] | Series: Debates en marcha (Read Woke Books) | Includes bibliographical references and index. | Audience: Ages 9–14 years | Audience: Grades 4–6 | Summary: "Readers look at the issue of immigration in the US and globally, examining the history, laws, and causes surrounding immigrants' and refugees' search for a better life and the difficulties they face"— Provided by publisher.
Identifiers: LCCN 2021054998 (print) | LCCN 2021054999 (ebook) | ISBN 9781728474328 (Library Binding) | ISBN 9781728474649 (Paperback) | ISBN 9781728474656 (eBook)
Subjects: LCSH: Emigration and immigration—Juvenile literature. | United States—Emigration and immigration—Juvenile literature. | Immigrants—Juvenile literature. | Refugees—Juvenile literature.
Classification: LCC JV6035 .S53518 2022 (print) | LCC JV6035 (ebook) | DDC 325.73—dc23 /eng/20211206

Fabricado en los Estados Unidos de América
1-52028-50541-11/4/2021